BEI GRIN MACHT SICH IHR WISSEN BEZAHLT

- Wir veröffentlichen Ihre Hausarbeit, Bachelor- und Masterarbeit

- Ihr eigenes eBook und Buch - weltweit in allen wichtigen Shops

- Verdienen Sie an jedem Verkauf

Jetzt bei www.GRIN.com hochladen und kostenlos publizieren

Woman in Pink. Die Stereotypisierung von Frauen und der Ausschluss sexueller Minderheiten in der Perioden-Tracker-App Eve

Sarah Neu

Bibliografische Information der Deutschen Nationalbibliothek:

Die Deutsche Nationalbibliothek verzeichnet diese Publikation in der Deutschen Nationalbibliografie; detaillierte bibliografische Daten sind im Internet über http://dnb.d-nb.de abrufbar.

ISBN: 9783346679536
Dieses Buch ist auch als E-Book erhältlich.

© GRIN Publishing GmbH
Nymphenburger Straße 86
80636 München

Druck und Bindung: Books on Demand GmbH, Norderstedt Germany
Gedruckt auf säurefreiem Papier aus verantwortungsvollen Quellen

Das vorliegende Werk wurde sorgfältig erarbeitet. Dennoch übernehmen Autoren und Verlag für die Richtigkeit von Angaben, Hinweisen, Links und Ratschlägen sowie eventuelle Druckfehler keine Haftung.

Das Buch bei GRIN: https://www.grin.com/document/1245696

Rheinische Friedrich-Wilhelms-Universität Bonn

B.A. Medienwissenschaft (Zwei-Fach)

Institut für Sprach-, Medien- und Musikwissenschaften

Abteilung für Medienwissenschaft

Medien und Gesellschaft

Self-Tracking. Mobile Medien und Versprechen der Selbstoptimierung.

5. Semester

31.03.2022

Wintersemester 2021/2022

Woman in Pink: Die Stereotypisierung von Frauen und der Ausschluss sexueller Minderheiten in der Perioden-Tracker-App Eve

Inhaltsverzeichnis

1 Einleitung

"[The period tracking app] Eve is for any and all who have a period (...) and/or a hormone cycle! Eve can be tailored to suit your needs whether you're here to track your period or keep track of cycle symptoms." (Glow, 2021)

Feministisch, innovativ, clever: FemTech-Apps werden von vielen Menschen als Meilenstein des Feminismus gefeiert. Durch sie sei die Selbstbestimmung der Frau auch in der Technik angekommen. Apps zur Frauengesundheit boomen. Das Beratungsunternehmen Frost & Sullivan schätzt das Marktvolumen von FemTech-Anwendungen 2015 auf 50 Milliarden US-$ (vgl. Krapinger 2021).

Eine dieser Anwendungen ist die Perioden-Tracker-App Eve. Sie behauptet, für alle Menschen gemacht zu sein, die menstruieren oder einen Hormonzyklus haben. Da eine App allerdings nicht nur eine App, sondern auch ein Geschäftsmodell ist, ist es notwendig, Fragen nach Nutzeradressierung und -führung zu stellen.

Das Ziel dieser Arbeit ist es, herauszufinden, ob die App wirklich so inklusiv ist, wie sie vorgibt zu sein oder ob sie nicht doch nur gezielt einzelne Gruppen einschließt und andere Teile der Gesellschaft ausschließt.

Zu diesem Zweck wird zunächst ein theoretisches Fundament gelegt, welches das nötige Handwerkszeug zur App-Untersuchung liefert. Dazu nutzt diese Arbeit die App-Walkthrough-Methode von Light et al.. Den Ausführungen zum technischen Walkthrough (2.1), und zu den Analysekategorien *Vision* (2.2), *Operating Model* (2.3) und *Governance* folgt die praktische Analyse der Eve App. Dazu wird diese in einem ersten Schritt vorgestellt (3.0) und in einem zweiten Schritt darauf untersucht, welche Art von Nutzer sie ansprechen möchte (3.1), wie sie sich finanziell trägt (3.2) und wie sie ihre Nutzern vor diesem Hintergrund zu bestimmten Nutzungsweisen animiert (3.3). Die Arbeit endet mit einer Erkenntniszusammenfassung und einem Ausblick darauf, wie Perioden-Tracker-Apps konkret und FemTech-Anwendungen allgemein noch weiter untersucht werden können.

Aus Gründen der besseren Lesbarkeit verzichtet diese Arbeit auf die gleichzeitige Verwendung der Sprachformen männlich, weiblich und divers (m/w/d). Sämtliche Personenbezeichnungen gelten gleichermaßen für alle Geschlechter.

2 App-Walkthrough-Methode

Um zu analysieren, wie die Perioden-Tracker-App Eve ihre Nutzer anspricht, welche Eigenschaften sie ihnen dabei einschreibt, wie inklusiv sie ist und wie sie Nutzer zum Interagieren und Handeln anregt, ist es nötig, zunächst einen theoretischen Rahmen festzulegen. Diese Arbeit nutzt dazu Ansätze der App-Walkthrough-Methode, welche von Light et al. 2018 etabliert wurde. Diese bestimmte Vorgehensweise der App-Untersuchung eignet sich besonders gut zur Analyse der Eve-App und zu der in ihr angenommenen Nutzungsumgebung, der „environment of expected use" (Light et al. 2019, 889), da sie nicht nur versucht, das Design und das äußere Erscheinungsbild einer App zu untersuchen.

> Apps are first and foremost operational media; they are applications, things for doing. Importantly, apps are typically designed with behaviors – not meanings – in mind. (…) the walkthrough method can be used to reflect this behavioral focus (Dieter et al. 2019, 5).

Der Walkthrough legt den Blick also nicht ausschließlich auf die statische Semiotik des App Interfaces, sondern auch auf die dynamische Infrastruktur und Nutzerführung, die in der technologischen Architektur liegen.

Dabei macht sich diese Arbeit Light et al.´s Walkthrough Methode auf eine etwas abgewandelte Art und Weise zu Nutze. Anders als von Light et al. vorgeschlagen, wird nicht zuerst die erwartete Nutzungsumgebung analysiert, ohne vorher die technologische Architektur der App intensiv in den Blick zu nehmen (vgl. Light et al. 2018, 881). Diese Arbeit ist daran interessiert herauszuarbeiten, welche Nutzungserwartungen bereits innerhalb der App kommuniziert werden. Bei Light et al. erfolgt dieser technische Walkthrough erst an zweiter Stelle, nachdem Nutzereigenschaften und -führung in einem ersten Schritt schon bestimmt wurden. Zur Bestimmung der Nutzereigenschaften und -führung nutzt er weniger die App an sich als externe Materialien wie Presseveröffentlichungen, die Website der App oder Werbekampagnen (vgl. ebd., 889ff). Diese Arbeit allerdings lässt solch äußere Aspekte vorerst außer Acht, um sich intensiv auf die technologische Architektur innerhalb der App zu konzentrieren und daraus Schlüsse auf den der App eingeschriebenen idealen Nutzer und dessen Führung zu ziehen. Sie versucht, letztere Aspekte nicht schon vor der Betrachtung der technologischen Architektur zu definieren, sondern sie aus den technologischen

Eigenschaften der App herauszuarbeiten. Dabei soll nicht der Eindruck entstehen, als verneine diese Arbeit die Bedeutung des kulturellen und sozioökonomischen Kontextes, in den die App eingebettet ist, für dessen Nutzereigenschaften und -führung. Primäres Ziel dieser Arbeit ist es jedoch, beim Untersuchen der Glow App von der App an sich auszugehen, sozusagen von innen nach außen und weniger von außen nach innen zu analysieren.

Im Folgenden wird zuerst die Methode des technischen Walkthroughs näher umrissen. Darauf folgt eine Erläuterung der drei Analyseschwerpunkte *Vision*, *Operating Model* und *Governance*, welche Light et al. in ihrer Walkthrough-Methode für Apps aufmachen.

2.1 Technischer Walkthrough

Um aus der technischen Infrastruktur der App auf implizierte Nutzererwartungen und -führung zu schließen, ist es nötig, die App vorher intensiv zu untersuchen. Dazu versetzt sich der Forschende in die Rolle der App-Nutzer und geht die verschiedenen Nutzungsmöglichkeiten der App Schritt für Schritt ab. Dabei behält der Forschende stets den analytischen Blick bei, während er die App möglichst unvoreingenommen durchläuft (vgl. Light et al. 2018, 891). Besondere Aufmerksamkeit legt er dabei auf sogenannte *mediator characteristics*.

> An app's technical and cultural influences are conveyed through *mediator characteristics*, which provide indications of how the app seeks to configure relations among actors, such as how it guides users to interact (or not) and how these actors construct or transfer meaning (Light et al. 2018, 891).

In Anlehnung an die Definition von Akteuren nach der Akteur-Netzwerk-Theorie, welche jegliche wirkende Elemente als Akteure versteht – nicht nur menschliche (vgl. Law 2006, 434) – legt der technische Walkthrough besondere Aufmerksamkeit auf die Platzierung von Buttons und Feldern, auf Pop-up-Fenster, das Hauptmenü, den Ton von Textelementen und verwendete Symbole, die den Nutzer beeinflussen könnten (vgl. Light et al. 2018, 891f). Auch Dieter et al. schlagen die Betrachtung des App Interface als möglichen Startpunkt der Appanalyse vor. Laut ihnen lässt sich aus der Dokumentation von Ansichten und dem Fluss der Bedienung erkennen, wie sich die App ihren idealen Nutzer vorstellt (vgl. Dieter et al. 2019, 4)

3

Dabei geht der Forschende bei der Dokumentation nicht unkoordiniert vor, sondern orientiert sich an entscheidenden Momenten der Appnutzung: der Registrierung, der alltäglichen Nutzung und der Abmeldung von der App, beziehungsweise deren vollständiger Deaktivierung. Während der ersten Registrierung lässt sich gut erkennen, wie die App den Nutzenden anspricht und welche Annahmen sie dadurch bereits an ihn trifft. Die alltägliche Nutzung offenbart, wie die Funktionalitäten der App den Nutzenden führen, zu welchen Handlungen oder Interaktionen sie ihn bewegen möchte. Auch die Deaktivierung der App ist von Interesse der Analyse, da in diesem Schritt ersichtlich wird, inwiefern die App sich bemüht, den Nutzenden zu halten, ihn eventuell sogar aktiv daran hindern möchte, die Nutzung der App zu beenden (vgl. Light et al. 2018, 892ff). Durch die Betrachtung genannter Momente der Appnutzung und deren Bedeutung für die im Folgenden definierte *Vision*, das *Operating Model* und die *Governance* der App lassen sich Schlüsse auf die angenommene Nutzungsumgebung ziehen.

2.2 Vision

Zur Erklärung des von Light et al. aufgemachten Analysepunkts *Vision* lässt sich das englische Wort einfach ins Deutsche übersetzen. *Vision* bedeutet in diesem Fall so viel wie Vorstellung. Die *Vision* einer App ist also die Vorstellung, die die App von ihren idealen Nutzern hat. Das App-Design und die Tonalität orientieren sich an dieser Annahme, fast wie an einer Persona (vgl. Light et al. 2018, 889).

> An app´s vision tells users what it is supposed to do and, by extension implies how it can be used and by whom. (...) understanding the app´s original vision provides a baseline for identifying user appropriation (Light et al. 2018, 889).

Ziel der Analyse ist es, diese *Vision*, den idealen Nutzer, aus der technologischen Architektur der App abzulesen; festzustellen, „wie die App die Nutzer an verschiedenen Punkten der Appnutzung entwirft" (Yang et al. 2019, 184, eigene Übersetzung). Es gilt, auch in modernster Technologie historisch gewachsene Geschlechtsstereotypen zu erkennen (vgl. Epstein/Fox 2020, 735). Solche lassen sich oft aus der Semiotik und den von der App genutzten Symbolen, Grafiken und Farben erkennen (vgl. Light et al. 2018, 889). Beschriebene Designelemente werden besonders während der Registrierung auf

Willkommens- und Startscreens und während der alltäglichen Nutzung bei der Betrachtung von Menü- und Navigationsbuttons ersichtlich (vgl. Light et al. 2018, 892ff).

2.3 Operating Model

Bei der Analyse des *Operating Models* einer App, schaut sich der Forschende an, wie sich die App finanziert und auf welchen Einnahmequellen sie baut. Dabei sind sowohl der grundlegende Preis der App, In-App-Käufe als auch nicht monetäre Wege der Bezahlung, zum Beispiel in Form von persönlichen Daten, von Bedeutung. Diese Informationen werden oft während des Prozesses der Registrierung ersichtlich (vgl. Light et al. 2018, 890). Die Analyse der benannten Punkte deckt die „der App zugrunde liegenden politischen und wirtschaftlichen Interessen" (ebd. 2018, 890, eigene Übersetzung) auf und liefert so wichtige Erkenntnisse für die in der App angenommene Nutzungsumgebung. Auch Dieter et al. schlagen die Betrachtung von Finanzierungsstrategien als möglichen Startpunkt der Appuntersuchung vor, da „solche Merkmale auch auf die Möglichkeit hinweisen, bestimmte Verwendungen, Nutzer und Nutzungsszenarien zu bestimmen" (Dieter et al. 2019, 10, eigene Übersetzung). Dabei ist es für den Forschenden nicht nur von Interesse, sich anzuschauen, welche Daten die App sammelt, sondern auch, wie sie diese Datenschutz-Bestimmungen dem Nutzer kommuniziert, ob sie also transparent mit der Verwendung der Nutzerdaten umgeht oder ob sie diese nur oberflächlich beschreibt (vgl. Shipp/Blasco 2020, 505). Solche Informationen über das Funktionsmodell der App leisten zudem einen wichtigen Beitrag zur Analyse der *Governance*.

2.4 Governance

Die Bestimmung der *Governance* einer App versucht greifbar zu machen, wie die App ihre Nutzer zu bestimmten Aktionen und Handlungen motiviert, sie also zu einer bestimmten Nutzungsweise hinführen möchte (vgl. Light et al. 2018, 890). Dabei ist die *Governance* einer App eng verbunden mit ihrem Finanzierungsmodell und ihren Nutzervorstellungen.

An app´s governance involves how the app provider seeks to manage and regulate user activity to sustain their operating model and fulfil their vision. (…) the app´s rules and guidelines (…) place boundaries (…) around the types of users allowed on an app (Light et al. 2018, 890).

Diese Informationen finden sich nicht nur in den Nutzungsbedingungen, sondern auch in der Ausgestaltung der App. Vor allem Fotographien und Bilder sind dazu in der Lage, beim Nutzer bestimmte Emotionen zu wecken und ihn dadurch zum Handeln zu motivieren. Doch auch graphisch reduziertere Darstellungsformen, wie Icons oder die typographische Gestaltung, haben das Potential, bestimmte Stimmungen zu erzeugen (vgl. Semler/Tschierschke 2019, 589). Neben den Designaspekten sind vor allem die Dynamik, der Fluss der Appnutzung und wie der Nutzer durch diesen geleitet wird von Bedeutung. Es gilt zu hinterfragen, zu welchen Aktionen der Nutzer durch offensichtlich formulierte Handlungsanweisungen bewusst, aber auch durch die Aufeinanderfolge von App-Bildschirmen unterbewusst aufgefordert wird. Letztere versteckte Anweisungen sind in gewisser Weise „in das Interface der App versunken und schaffen eine Umgebung, die die Lenkung des Nutzers erleichtert" (Dieter et al. 2019, 4, eigene Übersetzung). Dadurch werden nicht nur Handlungen, sondern auch der App zugrundeliegende Werte und Normen kommuniziert, zu denen sich der Nutzer konform verhalten soll (vgl. Light et al. 2018, 890).

3 Perioden-Tracker-App Eve

Da nun sowohl die Methode des technischen Walkthroughs als auch die Analysekategorien *Vision*, *Operating Model* und *Governance* hinreichend definiert und theoretisch eingeordnet sind, lassen sie sich im folgenden Analyseteil dieser Arbeit anwenden und im Rahmen der Untersuchung der Perioden-Tracker-App Eve in Beziehung zueinander setzen. Vor der praktischen Anwendung bedarf es jedoch einer kurzen Vorstellung der ausgewählten App.

Die Perioden-Tracker-App Eve gehört seit 2015 zur Familie der FemTech-Apps des Herstellers Glow. Neben Eve zählen dazu noch die App Glow, die ihre Nutzer beim Schwangerschaftswunsch unterstützt, die App Glow Nurture zum Tracken der Schwangerschaft sowie die App Glow Baby zur Kindesgesundheit. Eve ist ein Periodenrechner, der seinen Nutzern hilft, ihren Eisprung und ihre Fruchtbarkeit zu bestimmen und mehr über Verhütung, prämenstruelle Symptome und ihren Gesundheitsverlauf zu erfahren. Hersteller Glow selbst bezeichnet die App als „savvy period tracker designed for the modern woman", also als smarten Periodenrechner für die moderne Frau. Mehr als 1.000.000 Menschen haben die App seit ihrer Veröffentlichung alleine aus dem Google Play Store heruntergeladen, IOS Nutzer nicht miteinberechnet. 2016 wurde sie sogar für den „Webby Award for Health" nominiert. Ein Preis, der jährlich die fortschrittlichsten Technologien im Bereich Gesundheit, Fitness und Wohlbefinden auszeichnet.

Nachdem die App Eve nun kurz vorgestellt wurde, lässt sie sich hinsichtlich ihrer *Vision*, ihrem *Operating Model* und ihrer *Governance* detaillierter untersuchen.

3.1 Eve´s Vision: Feminin, cis und hetero

Die App Eve versucht bereits durch ihr Logo, eine ganz bestimmte Zielgruppe anzusprechen. Die grellen rot und pinken Farben greifen das Stereotyp auf, dass „richtige" Frauen Rosatöne mögen und sich darüber direkt mit der App identifizieren würden. Fast erinnert der rote Abschnitt des Logos farblich an die Regelblutung, was voraussetzt, dass die Nutzer kein Problem damit haben, auf ihrem Handybildschirm eine offensiv leuchtende rot-pinke App zu sehen, sozusagen mit ihrer Menstruation und ihrem biologisch weiblichen Geschlecht im Reinen sind und kein Problem damit haben, diese nach außen hin zu repräsentieren. Die überwiegend pinke Farbauswahl findet sich nicht nur im Logo, sondern auch in verschiedenen Screens innerhalb der App wieder. Auf dem Startbildschirm der App, welchen die Nutzer vor der ersten Registrierung sehen, wird die rot-pinke Farbpalette auch verwendet, um bestimmte Wörter hervorzuheben. Obwohl sich die App selbst in die Reihe der Gesundheits-Tracking-Apps stellt, wirkt sie durch ihr Design und ihre Farbgebung unprofessioneller und verspielter als andere Gesundheits- Apps, die eher medizinisch und neutraler gestaltet sind. Es finden sich keinerlei Möglichkeiten, zwischen verschiedenen Design-Optionen auszuwählen.

Auch die in der App verwendeten Buttons und Symbole wirken weich und verschnörkelt. Das Glow-Zeichen des Herstellers beispielsweise ist kein normales G, sondern fast ein Kringel, ohne harte Kanten, in Pastellfarben.

Auch in den restlichen Ansichten der App finden sich wenig bis keine harten Kanten, sondern eher fließende Linien. Alle Ecken, seien es Sprechblasen, Buttons oder andere Textfelder, sind abgerundet. Das geht einher mit dem Stereotyp des weichen Gemüts der Frau, mit welchem die Nutzer der App dadurch indirekt assoziiert werden.

Die Annahme, die idealen Nutzer seien feminin, wird in gewisser Weise auch von dem Titel der App unterstützt. Eve ist ein klassischer und feminin klingender Frauenname. Dadurch wirkt die App wie eine beste Freundin namens Eve, die ihren Nutzern beim Thema Menstruation zur Seite steht.

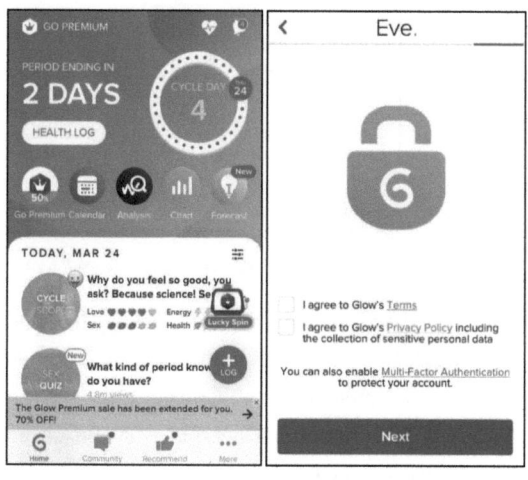

Noch klarer wird die recht einseitige Darstellung der von der App gezeichneten Nutzer, schaut man sich die Emojis an, die an verschiedenen Stellen in der App auftauchen. Direkt bei der Registrierung, die erscheint, sobald man die App ein erstes Mal öffnet, wird im ersten der fünf Screens ein Emoji verwendet, der den klassischen weiblichen Attributen entspricht: blondes, langes Haar, lila Oberteil. Selbst diese noch relativ abstrakte Art der bildhaften Darstellung macht klar, welche Art von Menstruierenden in der App am willkommensten sind.

Abb. 4: Eve´s graphische Darstellung von Intimität; Quelle: Eve App

Noch klarer definiert wird die *Vision* beim Blick auf die GIFs (Graphic Interchange Format), welche die Nutzer verwenden können, wenn sie im Community-Forum der App etwas posten möchten. Die GIF-Gruppe „Sex Milestones" eröffnet Nutzern die Möglichkeit, bildhaft Informationen über ihr Sexualleben zu teilen. Dazu können sie zwischen einigen Darstellungen davon wählen, vom Küssen bis zum Geschlechtsverkehr. Dargestellt wird das Ganze von den gleichen zwei Personen, eine davon offensichtlich eine kurvige Frau mit langem Haar und üppiger Oberweite, die andere etwas abstrakter, aber dennoch als Mann identifizierbar. Die App repräsentiert dadurch eine begrenzte Vorstellung von Sex: ausschließlich hetero, ein männlicher Sexpartner und eine feminin erscheinende Frau. Es finden sich keine Darstellung von gleichgeschlechtlichem Sex oder Geschlechtsverkehr mit mehreren Personen. Zudem dominieren wieder die

Farben pink und hellrosa. Die App platziert diese Emoji-Gruppe an zweiter von 27 Stellen und legt dadurch indirekt fest, was vor allem gepostet werden soll.

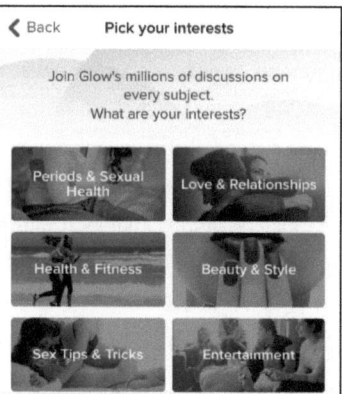

Abb. 3: Registrierung bei Eve; Quelle: Eve App

Die App geht allerdings noch weiter. Sie nutzt nicht nur gezeichnete oder gemalte Darstellungen von der sexuellen Interaktion zwischen Personen, sondern auch reale Fotographien. Zu Beginn der Appnutzung werden die Nutzer aufgefordert, aus einem Pool von Kategorien ihre Interessen auszuwählen, damit die App ihnen dementsprechend gefilterte Inhalte anbieten kann. Die Kategorien sind als Felder anklickbar, auf denen sich Fotographien befinden. Das Feld „Sex Tipps & Tricks" zeigt eine Frau, die sich über einen Mann gebeut im Bett befindet. Auch die Kategorie „Love & Relationship" zeigt einen Mann und eine Frau, die sich in den Armen liegen. Wieder wird hier Heterosexualität vorausgesetzt und als Standard festgelegt.

Ein wenig inklusiver ist die Auswahl zwischen verschiedenen Sexpraktiken beim Eintragen der eigenen sexuellen Aktivität in der App. Trotzdem wird gleichgeschlechtlicher Sex in gewisser Weise heruntergestuft. Möchte man angeben, dass man als Frau mit einer anderen Frau Sex hatte, muss man die Kategorie „Banana free" wählen. Die Formulierung weckt Assoziationen der Unvollständigkeit, als sei das männliche Geschlechtsteil elementar und fehle nun. Loggt man „Banana free" ein und klickt auf „Next" erscheint ein Textfeld, was einem zu dem „Banana free" Sex gratuliert. Im nächsten Satz ist dann direkt die Rede von lesbischen Paaren. Die App assoziiert also bei gleichgeschlechtlichem

Sex unter Frauen, dass diese ihre Sexualität als lesbisch definieren. Dabei ignoriert sie andere Formen der sexuellen Orientierung, wie zum Beispiel die Bisexualität.

Generell lässt sich an den graphischen Darstellungen und Emojis der App erkennen, welch starken Fokus sie als Periodenrechner auf die sexuellen Aktivitäten ihrer Nutzer legt. Nutzer, die vielleicht nicht oft oder keinen Sex haben, fühlen sich möglicherweise ausgeschlossen, da sie den Eindruck bekommen, als wäre viel Sex sehr wichtig und normal. Eine Funktion zum Ausschalten der auf Sex fokussierten Funktionen gibt es nicht. Lediglich bei der schon erwähnten Angabe der eigenen Interessen lässt sich der Fokus der App etwas umlenken. Bei einer App, die an erster Stelle zum Tracken der Periode beworben wird, erscheint dieser anfänglich gesetzte Schwerpunkt trotzdem problematisch.

Neben den graphischen Elementen erkennt man vor allem an der Ansprache der App an ihre Nutzer, welche Nutzer sie erwartet. So macht sie häufig Gebrauch von Wörtern wie „girl" oder „woman" in Form von den Emoji-Gruppen „Girl Talk" und „Get it Girl" sowie in den Community-Guidelines und setzt somit voraus, dass alle Menstruierende sich mit einem der beiden identifizieren können, also eine Cis-Frau sind. Dabei ist die biologische Menstruation lediglich darauf beschränkt, ob die Person einen Uterus hat oder nicht. Die App allerdings erlegt allen Menstruierenden das Label der Frau auf und schließt dadurch zum Beispiel transgeschlechtliche Personen aus.

3.2 Eve´s Operating Model: Premium Version und Datenhandel

Eve finanziert sich über zwei Wege: den Handel mit Daten und die Premium Version, bei deren Kauf den Nutzern alle Funktionen der App unlimitiert zur Verfügung stehen. Die Premium Version kostet 99,99 Euro, kauft man sie mit nur einer Zahlung zur Nutzung auf unbegrenzte Zeit. Außerdem bietet die App eine Ratenzahlung von 4,91 Euro pro Monat an, möchte man sie ein Jahr lang benutzen. Das sind auf das Jahr gerechnet 58,92 Euro. Plant man, die App nur drei Monate zu nutzen, so muss man monatlich 10,99 Euro zahlen.

Man kann die Basisfunktionen der App allerdings auch nutzen, ohne auf monetärem Weg dafür zu zahlen. Um das tun zu können, erhebt die App bei der Registrierung erste Daten über ihre Nutzer: den Vor- und Nachnamen, die E-Mail-

Adresse und das Geburtsdatum. Das sind auf den ersten Blick nicht allzu viele Daten. Ein Blick in die Datenschutzbestimmungen der Eve App zeigt jedoch, dass die App auf indirektem Wege noch mehr Daten über ihre Nutzer sammelt.

Hierbei muss angemerkt werden, dass die Eve App keine eigene, auf die App zugeschnittenen Datenschutzbestimmungen hat, sondern für sie die allgemeinen Datenschutzbestimmungen von Glow gilt, die für die anderen drei Apps des Herstellers ebenso gelten. Dadurch bleibt die Verwendung einiger Daten unklar, denn in den Datenschutzbestimmungen steht, dass die einzelnen Apps teilweise unterschiedliche Daten sammeln. Die konkrete Sammlung persönlicher Daten hängt also von der jeweiligen App ab. Leider werden im weiteren Verlauf der Datenschutzbestimmungen weder die einzelnen Apps erwähnt, noch erklärt, welche App welche Daten erhebt. Den Nutzern wird geraten, selbst darauf zu achten, welche Daten die App bei deren Nutzung erhebt. Dadurch bleiben die konkrete Erhebung und Nutzung der Daten aus der App Eve unklar.

Trotz dieser Intransparenz macht die App kein Geheimnis daraus, dass sie persönliche Daten ihrer Nutzer sammelt. Dazu zählen jegliche Daten, die man aktiv in die App eingibt, wie zum Beispiel Geschlecht, Interessen oder sexuelle Aktivität. Außerdem sammelt die App bei jeglicher In-App-Kaufabwicklung, zum Beispiel beim Kauf der Premium Version oder beim Kauf von Produkten über die App, die Bankdaten und Adressen der Nutzer. Noch mehr Informationen generiert die App indirekt darüber, wenn die Nutzer sich mit einem bereits bestehenden Social-Media-Profil, zum Beispiel Facebook, in die App einzuloggen oder etwas aus der App auf Facebook teilen. Dann hat Eve Zugriff auf alle Daten, die auch der jeweiligen Social-Media-App zur Verfügung stehen.

Des Weiteren werden automatisch Daten über das Endgerät, auf dem die App genutzt wird, wie zum Beispiel das Handy, gesammelt. Dazu zählen das Modell, die Marke, die IP-Adresse und auch der Standort des Gerätes.

Man könnte argumentieren, dass mithilfe der gesammelten Daten die Forschung zur Frauengesundheit vorangetrieben werden kann. Somit würde die geschlechtergerechte Medizin vorangebracht, denn tatsächlich fehlen in der medizinischen Forschung die Untersuchungen an biologisch weiblichen Körpern.

Erst wenn wir diese epidemiologischen Daten zur Verfügung haben und getrennt nach Geschlecht auswerten können, wird es möglich sein, geschlechtsspezifische Unterschiede bei einzelnen Krankheitsbildern festzustellen und zu beforschen. Die Wichtigkeit der Betrachtung einzelner Probleme unter Bedachtnahme auf das Geschlecht muss (…) vermittelt werden (Rabady/Rebhandl 2008, 29).

Allerdings wird in den Datenschutzbestimmungen nirgends erwähnt, dass die gesammelten Daten zu Forschungszwecken genutzt werden. Das Argument, Perioden-Tracker-Apps könnten mit ihrer großen Datenbasis helfen, den sogenannten „Gender Bias", die geschlechtsspezifischen Vorurteile, in der Medizin aufzulösen, stellt sich also bei dem Blick auf die Weitergabe der Daten als falsch heraus. Zwar spricht die App die Verwendung anonymisierter Daten zu Forschungszwecken an, meint damit aber lediglich die eigene Marktforschung und möglichen Marketingstrategien.

Wichtiger für das *Operating Model* der App ist, die erhobenen Daten in Geld umzusetzen. Welche Daten die App dabei allerdings an welche Drittanbieter verkauft, wird nicht genau erwähnt. In den Datenschutzbestimmungen findet sich in einem Großteil der Punkte das Wort „may". Die App zeigt also Möglichkeiten auf, auf welche Weise Daten „vielleicht" oder „möglicherweise" weitergegeben und verkauft werden, umgeht allerdings durch das „may" oft jegliche Festlegungen.

Zu ihrem monetären Gewinn aus dem Datenhandel steht in den Datenschutzbestimmungen geschrieben, dass dies auf zwei Arten geschehen kann. Einerseits werden zum Beispiel die Account-, Geräte- und Standortdaten direkt und ohne eine vorher eingeholte Zustimmung der Nutzer an Drittanbieter, wie zum Beispiel Werbepartner, verkauft. Andererseits werden dieselben Daten im Rahmen eines Geschäftszwecks, in der Datenschutzbestimmung „business purpose" genannt, den Werbe-, Geschäfts- und Marketingpartnern zur Verfügung gestellt. Ob die App an letzterem echtes Geld verdient oder ob es sich um einen gegenseitigen Austausch von Daten oder Dienstleistungen handelt, bleibt unklar.

Entscheidet man sich dazu, die App mit verschiedenen Gesundheitsapps, wie zum Beispiel dem „Healthkit" von Apple oder „Google Fit" zu verbinden, verkauft die App auch an Apple und Google bestimmte persönliche Account- und Profildaten. Dazu zählen auch Informationen über die Krankenversicherung der

Nutzer, falls sie diese angegeben haben. Darauf, was Drittanbieter wie Apple und Google mit den Daten im Nachhinein machen und zu was sie diese nutzen, wird in den Datenschutzbestimmungen jedoch nicht weiter eingegangen.

Die App nutzt außerdem noch den Weg über von Nutzern generierte Werbung, um Geld einzunehmen. Im Community-Part der App gibt es die Möglichkeit, beim Posten eines Beitrages aus einer Bandbreite von verschiedenen Produkten zu wählen und diese den anderen App Nutzern zu empfehlen. So kann die App

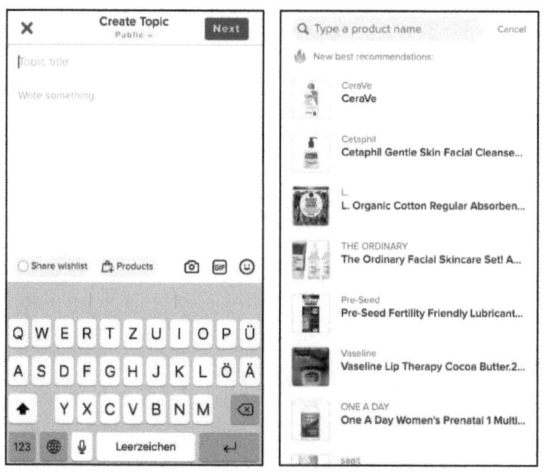

Abb. 5: Posten eines Beitrages mit Produktempfehlung in Eve; Quelle: Eve App

durch ihre Nutzer indirekt Werbung für andere Unternehmen und Marken machen, ohne sie selbst schalten zu müssen. Das erhöht möglicherweise den Profit aus den Werbeanzeigen, da es auf die anderen Nutzer glaubwürdiger wirkt, wenn sie ein Produkt von einem nicht profitorientierten Nutzer empfohlen bekommen als direkt von der App. Dass dahinter trotzdem eine Werbepartnerschaft zwischen App und Produktanbieter steckt, ist so weniger auffällig.

3.3 Eve´s Governance: Push-Nachrichten und Rabatte

Um ihre Nutzer zu bestimmten Handlungen zu motivieren, sie zu lenken und so ihr Operating Model zu stützen, nutzt Eve sowohl direkte und offensichtliche als auch indirekte und auf den ersten Blick weniger ersichtliche Wege der Nutzerführung. In Form von direkt an die Nutzer adressierten Push-Nachrichten, welche mehrmals täglich versendet und so auf dem Sperrbildschirm der Nutzer angezeigt werden, wirbt die App bei ihren Nutzern für ihre Inhalte. Sie fordert sie direkt auf, die App zu öffnen und sich bestimmte Beiträge, Tipps und Tricks oder Neuheiten im Community-Forum anzuschauen. Interessant ist, dass die Tonalität und der Inhalt dieser Push-Nachrichten die eben bereits bestimmte *Vision* der App stützen. So geht es bei einem Großteil der Benachrichtigungen weder um Menstruation noch um Hormonzyklen. Hauptsächlich geht es um Sex. Seien es Tricks zur besseren Performance beim Geschlechtsverkehr oder Informationen zur Befriedigung des männlichen Geschlechtsteils. Dadurch wird nicht nur ein

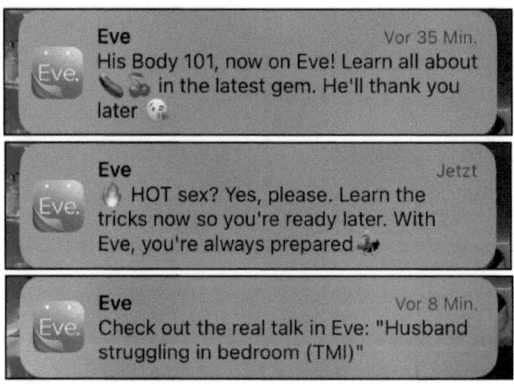

Abb. 6: Push-Nachrichten von Eve; Quelle: Eve App

weiteres Mal, ohne die sexuelle Orientierung der Nutzer zu kennen, angenommen, sie stünden grundsätzlich auf Männer und seien sexuell sehr aktiv. Es wird zusätzlich die Rolle der Frau in gewisser Weise so dargestellt, als stünde die Befriedigung des Mannes an erster Stelle und dass sie dafür verantwortlich sei.

Ein weiterer sehr präsenter Aspekt der Nutzerlenkung in der App sind die zahlreichen bunten Textfelder, welche die Nutzer ununterbrochen dazu auffordern, die Premium Version der Eve App zu erwerben. Um finanzielle

Anreize zu setzen, findet sich dabei auch immer die Angabe einer Prozentzahl, der Rabatt, den die Nutzer erhalten, wenn sie über einen Klick auf die bestimmte Anzeige die Premium Version kaufen. Tatsächlich ist die erste Ansicht, durch die man nach der Registrierung scrollt, zu fast 80 Prozent mit Feldern versehen, die die Premium Version entweder direkt anwerben oder sie indirekt zeigen. Dazu werden die Premium-Funktionen zum Beispiel etwas blasser dargestellt. Den Nutzern wird gezeigt, was sie haben könnten, ohne es ihnen komplett zu

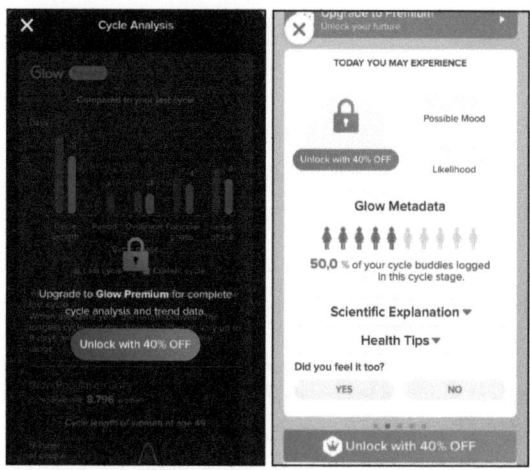

Abb. 7: Eve fordert ihre Nutzer zum Kauf der Premium Version auf; Quelle: Eve App

offenbaren. Das erzeugt bei diesen gezielt das Gefühl von Unvollständigkeit. Zudem sind die Funktionen, die man auch ohne Premium Version nutzen kann, zwischen den noch nicht verfügbaren Premium Funktionen platziert. Dadurch müssen die Nutzer beim Scrollen zu den kostenfreien Funktionen immer an den Premium Funktionen vorbei, nehmen diese also verstärkt wahr. In diesem Aspekt der technologischen Architektur der App zeigt sich das Operating Model.

Das gezielt erzeugte Gefühl der Unvollständigkeit findet sich auch in den Einstellungen der App wieder. Dort werden der kostenfreie und der Premium Account direkt miteinander verglichen. In Form einer Auflistung wird gezeigt, welche Funktionen in der Premium Version zusätzlich enthalten sind. Dazu werden diese auf der Seite des kostenfreien Accounts durchgestrichen und mit einem großen roten Kreuzchen versehen. Dabei fällt auf, dass alle Punkte durchgestrichen sind. Es werden also gezielt nicht die Funktionen aufgelistet, die

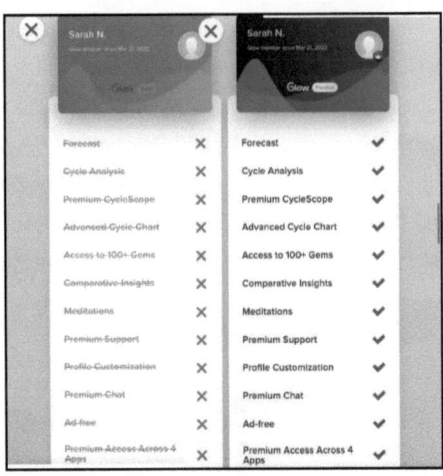

Abb. 8: Eve´s Vergleich von kostenfreier und Premium Version; Quelle: Eve App

auch in der kostenfreien Funktion enthalten sind. Dies intensiviert die Lücke zwischen kostenfreier und Premium Version und lässt das Upgrade zu letzterer noch attraktiver erscheinen.

Außerdem versucht Eve, die Premium Version spielerisch zu bewerben. Einmal am Tag werden die Nutzer dazu aufgefordert ein Glücksrad zu drehen. Zu gewinnen gibt es Rabatte oder kostenfreie Probetage für die Premium Version. Diese gamifizierte Art der Werbung soll die Nutzer in einen gewissen Zeitdruck versetzen. Aufgrund der zeitlich limitierten Gültigkeit des Gewinns (24 Stunden) sollen die Nutzer den Drang verspüren, sich die scheinbar einzigartige Rabattchance nicht entgehen zu lassen, die Premium Version also im Endeffekt zu kaufen. Während die Nutzer am Glücksrad drehen, läuft in dessen oberen Leiste ein Textband ab, welches zeigt, welche Nutzer in diesem Moment gerade welche Gewinne erzielt haben. Das soll die Nutzer zusätzlich motivieren, selbst am Glücksrad zu drehen.

Auch die Nutzungsbedingungen für das Forum, die sogenannten „Community Guidelines", sollen Nutzeraktivität lenken. Dabei fällt auf, dass in den Nutzungsbedingungen kommunizierte Regeln von der App selbst teilweise nicht eingehalten werden. So steht in den Regeln geschrieben, dass vorurteilsbehaftete Äußerungen nicht erlaubt sind. Im Community-Bereich der App findet sich jedoch ein direktes Gegenbeispiel. Die Gruppe „Oral & Anal

101" hat als ihren festgepinnten Post, den die Nutzer als Erstes sehen, wenn sie auf die Gruppe klicken, eine Umfrage eingebaut. Dort geht es darum, wie sich Nutzer bei der oralen Befriedigung des Mannes verhalten. Zur Auswahl steht auch der Punkt, dass man Männer nicht oral befriedigt, weil man ein Mann sei.

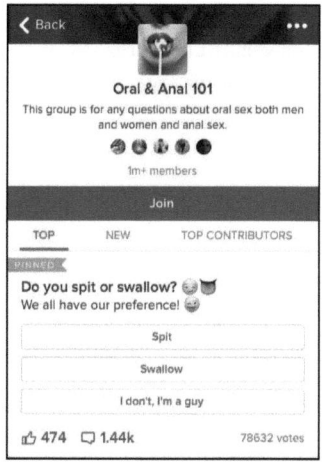

Abb. 9: Umfrage in Eve´s Community-Gruppe „Oral & Anal 101"; Quelle: Eve App

Die Umfrage geht also davon aus, dass man als Mann kein sexuelles Interesse an einem anderen Mann haben kann und schließt Homosexualität unter Männern konsequent aus. Die App geht somit also von der Annahme der Heterosexualität ihrer Nutzer (s. Kapitel 3.1) noch einen Schritt weiter. Das steht im direkten Wiederspruch zu den „Community Guidelines", die nach eigener Aussage keinerlei Vorurteile dulden. Obwohl dieser Post nicht selbst von der Eve App kommt, sondern von einer Nutzerin, hat sich die App dennoch weder dazu entschieden diese ausgrenzende Umfrage zu löschen noch sie kritisch zu kommentieren. Die App hat sich dazu entschieden, den Beitrag dauerhaft an erster Stelle anzupinnen, trotz Kritik anderer Nutzer in den Kommentaren.

Eine weitere Art der Nutzerlenkung findet sich im Logout-Bereich der App. Möchten die Nutzer sich aus der App abmelden, werden sie erst noch einmal gefragt, ob sie die App wirklich verlassen möchten. Erst beim Klick auf „Ja" können sich die Nutzer schließlich von der App abmelden. Noch stärker versucht Eve ihre Nutzer zu halten, wenn diese die App vollständig löschen möchten. An sich ist der Button zum Löschen der App wesentlich unauffälliger gestaltet als der zum Abmelden. Klickt man auf den Löschen-Button erscheint anstelle von einer reinen „Ja" oder „Nein" Abfrage, die Option, den Hersteller Glow per E-Mail zu kontaktieren und eventuelle Probleme, die zum Löschwunsch der App führen, zu schildern. Erst an zweiter Stelle findet sich die Option, die App vollständig zu löschen. Aufgrund dieser gezielten Anordnung und Führung durch den Abmelde- beziehungsweise Löschprozess wird versucht, die Nutzer umzustimmen und die App nicht zu verlassen oder ganzheitlich zu löschen.

4 Fazit

Ziel dieser Arbeit war es, mithilfe von Light et al.´s App-Walkthrough-Methode, Einsichten in die Nutzerdarstellung und -führung der Perioden-Tracker-App Eve zu gewinnen. Die Analyse der *Vision*, des *Operating Models* und der *Governance* hat gezeigt, dass die technologische Infrastruktur sowie die graphische Ausgestaltung der App starke Annahmen an Menstruierende treffen. Die App spricht Nutzer an, die den Stereotypen der heterosexuellen Cis-Frau entsprechen. Andere Gesellschaftsgruppen, wie bi- oder transsexuelle Menschen, werden dadurch ausgeschlossen. Das Bild der Frau, welches hier gezeichnet wird, geht vor allem innerhalb des Community-Bereichs der App in die Richtung eines Sexobjektes. Damit bricht die App mit der generellen Annahme, durch FemTech- Apps würde der Feminismus auch in der Technik ankommen. Um *ihr Operating Model* zu stützen, macht die App durch zahlreiche Aufforderungen in Form von Push-Nachrichten und Werbefeldern Gebrauch von einer sehr intensiven Nutzerführung. Generell lässt sich sagen, dass die Perioden-Tracker-App Eve ein sinnvolles Tool sein kann, um den eigenen Zyklus nachzuhalten und um eventuell sogar die gendergerechte Medizinforschung voranzubringen. Allerdings zeigt sie ein sehr schmales und begrenztes Verständnis von menstruierenden Menschen. Sie müsste in ihrem Design und ihrer Technologie inklusiver werden, mehr Individualisierungsmöglichkeiten bereitstellen und schwächere Annahmen an ihre Nutzer treffen, um möglichst viele menstruierenden Menschen miteinzubeziehen. Da sich diese Arbeit lediglich auf das Material innerhalb der App fokussiert hat, ist es möglich, in der zukünftigen Forschung auf weiterführende Aspekte der App-Untersuchung einzugehen, zum Beispiel auf die Analyse des digitalen Netzwerkes, in welches die App eingebunden ist. Es ist von Interesse zu untersuchen, inwieweit die Repräsentation der App auf ihren Profilen in den Sozialen Medien oder in Marketingkampagnen die hier herausgestellte erwartete Nutzungsumgebung weiter stützt oder nicht. Zudem bietet es sich an, konkret die Hersteller von Perioden-Tracking-Apps zu beleuchten und ihrer Motivation und Idealen beim Entwickeln der App nachzugehen. Dabei ließe sich auch prüfen, ob in der Ausgestaltung von FemTech-Apps geschlechterspezifische Unterschiede zwischen männlichen und weiblichen App-Entwicklern existieren.

5 Literaturverzeichnis

Burgess, Jean/Duguay, Stefanie/Light, Ben (2018): The walkthrough method: An approach to the study of apps. In: *New Media & Society*, Bd. 20, Nr. 3, S. 881-900.

Dieter, Michael/ Gerlitz, Carolin/Helmond, Anne/Tkacz, Nathaniel/Van der Vlist, Fernando/Weltevrede, Esther (2019): Multi-Situated App Studies: Methods and Propositions. In: *Social Media + Society*, Bd. 5, Nr. 2, S. 1-15.

Epstein, Daniel/Fox, Sarah (2020): Monitoring Menses: Design-Based Investigations of Menstrual Tracking Applications. In: Bobel, Chris et al. (Hrsg.): *The Palgrave Handbook of Critical Menstruation Studies*. Singapur. Palgrave Macmillan, S. 733-750.

Fordyce, Robbie/Heemsbergen, Luke/Yang, Fan (2020): Comparative analysis of China´s Health Code, Australia´s COVIDSafe and New Zealand´s COVID Tracer Surveillance Apps: a new corona pf public health governmentality? In: *Media International Australia*, Bd. 178, Nr. 1, S. 182-197.

Law, John (2006): Notizen zur Akteur-Netzwerk-Theorie: Ordnung, Strategie und Heterogenität. In: Belliger, Andréa/Krieger, David J. (Hrsg.): *ANThology. Ein einführendes Handbuch zur Akteur-Netzwerk-Theorie*. Bielefeld: Transcript, S. 429-446.

Rabady, Susanne/Rebhandl, Erwin (2008): Allgemeinmedizin. In: Lohffs, Brigitte/Rieder, Anita (Hrsg.): *Gender Medizin: Geschlechtsspezifische Aspekte für die klinische Praxis*. 2. Aufl. Wien: Springer-Verlag Wien, S. 13-30.

Semler, Jan/Tschierschke, Kira (2019): *App-Design – Das umfassende Handbuch*. 2. Aufl. Bonn: Rheinwerk Verlag.

Shipp, Laura/Blasco, Jorge (2020): How private is your period?: A systematic analysis of menstrual app privacy policies. In: *Proceedings on Privacy Enhancing Technologies*, Bd. 20, Nr. 4, S. 491-510.

6 Quellenverzeichnis

Glow Inc. (2021): *Is Eve just for women?*. https://support.glowing.com/hc/en-us/articles/360001983568-Is-Eve-just-for-women- , abgerufen am 26. März 2022.

Forbes (2021*): FemTech: Eine Branche mit Potenzial – Vor allem für Investoren.* https://www.forbes.at/artikel/femtech-eine-branche-mit-potenzial-vor-allem-fuer-investoren.html, abgerufen am 26. März 2022.

7 Abbildungsverzeichnis

Für alle Abbildungen gilt:

Quelle: Eve App

BEI GRIN MACHT SICH IHR WISSEN BEZAHLT

- Wir veröffentlichen Ihre Hausarbeit,
  Bachelor- und Masterarbeit

- Ihr eigenes eBook und Buch -
  weltweit in allen wichtigen Shops

- Verdienen Sie an jedem Verkauf

Jetzt bei www.GRIN.com hochladen und kostenlos publizieren